Sociologia do trabalho no mundo contemporâneo

Coleção **PASSO-A-PASSO**

CIÊNCIAS SOCIAIS PASSO-A-PASSO
Direção: Celso Castro

FILOSOFIA PASSO-A-PASSO
Direção: Denis L. Rosenfield

PSICANÁLISE PASSO-A-PASSO
Direção: Marco Antonio Coutinho Jorge

Ver lista de títulos no final do volume

Marco Aurélio Santana e
José Ricardo Ramalho

Sociologia do trabalho no mundo contemporâneo

Jorge Zahar Editor
Rio de Janeiro

Jorge Zahar Editor Ltda.
rua México 31 sobreloja
20031-144 Rio de Janeiro, RJ
tel.: (21) 2240-0226 / fax: (21) 2262-5123
e-mail: jze@zahar.com.br
site: www.zahar.com.br

Composição eletrônica: TopTextos Edições Gráficas Ltda.
Impressão: Geográfica Editora

Capa: Sérgio Campante

CIP-Brasil. Catalogação-na-fonte
Sindicato Nacional dos Editores de Livros, RJ.

Santana, Marco Aurélio
S223s Sociologia do trabalho no mundo contemporâneo / Marco Aurélio Santana e José Ricardo Ramalho. — Rio de Janeiro : Jorge Zahar Ed., 2004
(Passo-a-passo)

Inclui bibliografia
ISBN 85-7110-784-x

1. Trabalho — Aspectos sociais. 2. Inovações tecnológicas — Aspectos sociais. 3. Civilização moderna. I. Título. II. Série.

CDD 306.3
04-1019 CDU 316.74:331

Sumário

Introdução

Desde seu início a sociologia tem se dedicado à análise do trabalho na sociedade moderna. Em suas mais diversas perspectivas e concepções de mundo, os autores clássicos do pensamento sociológico, cada um a seu modo, apontaram a importância do trabalho e das relações que se construíram a partir dele para o entendimento da sociedade. Nos dias de hoje, com as grandes mudanças pelas quais passa o mundo contemporâneo a investigação sociológica permanece um instrumento essencial para lançar luz sobre tais transformações e seus impactos sociais.

Este livro trata dos marcos teóricos que vêm informando a discussão acerca das transformações no mundo do trabalho e da reestruturação da atividade produtiva na sociedade atual. Selecionamos alguns conceitos e eixos de pensamento que balizam o desenvolvimento mais recente da sociologia do trabalho, tomando como base tanto a literatura internacional como a brasileira. Assim, estarão em tela aqui o cenário geral dessas mudanças e seus impactos em termos de processos e relações de trabalho, na qualificação dos trabalhadores, bem como em suas formas organizativas.

Dividimos o texto em duas seções. A primeira apresenta a problemática das transformações, chamando atenção para suas características mais marcantes. Na segunda buscamos analisar de que forma os trabalhadores e suas organizações têm enfrentado essa nova realidade.

Mundo do trabalho em mutação

Reestruturação produtiva e crise da sociedade industrial. As transformações no universo do trabalho vêm afetando de modo intenso as sociedades industriais em todo o mundo. Formas de produção consideradas superadas pelo desenvolvimento de um capitalismo do tipo monopolista retornam numa outra dimensão, reincorporadas a uma lógica de acumulação que enfatiza a competitividade e a qualidade. O processo de reestruturação das atividades produtivas, principalmente a partir da década de 1970, inclui inovações tecnológicas e novas formas de gestão da força de trabalho. O resultado tem sido um aumento significativo nos índices de produtividade, profundas alterações no relacionamento entre as empresas e nas formas de organização da produção, interferindo nas relações de trabalho e no processo de negociação com as instituições de defesa dos trabalhadores.

Vista por muitos como inevitável dentro da racionalidade do mercado, essa reestruturação, no entanto, tem trazido também graves problemas sociais quanto ao nível de emprego e à garantia dos direitos conquistados pelos trabalhadores ao longo do século XX. Ao mesmo tempo em que os índices de desemprego se tornam elevados em muitos países do mundo — inclusive nas economias centrais —, nota-se a aplicação de uma política de desmantelamento da ação do Estado nas áreas sociais. Nos países subdesenvolvidos, a flexibilização das relações de trabalho só faz aumentar o mercado de trabalho informal e o desemprego.

No que se refere a inovações tecnológicas e de gestão, estratégias derivadas do chamado *modelo japonês*, embora efetivas em apenas algumas grandes empresas no próprio Japão, vêm sendo anunciadas como solução para todos os males resultantes da falta de competitividade e das dificuldades no controle da força de trabalho. Novas formas de gestão se associam ao anúncio da "modernidade". No Brasil e na América Latina, aparecem como o caminho inexorável da produção industrial — e termos como qualidade total, *just in time* etc. passam, de repente, a fazer parte do vocabulário das empresas, que impingem aos trabalhadores um discurso "civilizador" sobre a necessidade de aderir aos novos tempos.

Fala-se ainda em "globalização" da produção industrial. De fato, as empresas multinacionais, em busca de maiores taxas de lucro, passaram a estender sua presença por regiões geográficas e econômicas que oferecem uma força de trabalho com salários baixos e menos dispêndios com benefícios sociais.

A exigência de maior competitividade vem introduzindo estratégias de racionalização e redução de custos, com sérias conseqüências para os níveis de emprego. Postos de trabalho, que tradicionalmente garantiam estabilidade, se reduziram drasticamente. A insegurança passou a fazer parte do cotidiano do assalariado com um vínculo formal de emprego. Formas precárias de trabalho, de subcontratação, agora são a norma, incorporando-se às práticas das empresas. Fragilizou-se a instituição sindical como representação legítima dos trabalhadores. O desemprego adquiriu dimensões mais amplas, mudando hábitos e trazendo pobreza e desesperança e o trabalho informal tornou-se uma alternativa freqüente para os excluídos do mercado de trabalho formalizado, principalmente nos países subdesenvolvidos.

De forma bastante esquemática poderíamos indicar, à guisa de introdução, as principais transformações na esfera produtiva:

- em um cenário crescentemente globalizado, de abertura de mercados e de forte competição internacional, as unidades produtivas de grande porte ficam mais "enxutas" e aumentam a produtividade (a chamada *lean production*);
- a atividade produtiva passa a exigir trabalhadores polivalentes/flexíveis que, de posse de ferramentas flexíveis, teriam como resultado de seu trabalho um produto flexível;
- a parcela do trabalho fora do "foco" principal da empresa passa a ser subcontratada a outras empresas (ou *terceirizada*);
- o setor industrial perde volume frente ao setor de serviços e a flexibilização das atividades produtivas leva também a um aumento da precarização nos contratos de trabalho;
- na esfera sociopolítica, os sindicatos passam a lutar para se desvencilhar de práticas marcadas pelo grande porte

das empresas e pela falta de organização nos locais de trabalho, que os estava levando a uma diminuição na sindicalização e a uma dificuldade de competir em velocidade e adequação aos impasses trazidos pelos novos tempos. Junte-se a isso o desemprego e a informalização que corroem grandemente o poder de agenciamento das instituições sindicais.

Em meio a tantas mudanças, nem mesmo a idéia de Estado permaneceu intocada. Pelo menos desde o segundo pós-guerra, era visão corrente a idéia de que o Estado deveria cumprir não só tarefas referentes ao controle e regulação da economia, mas também assegurar bem-estar social aos cidadãos (daí o nome *welfare state*). Foi através desse tipo de formulação que o Estado tomou para si o que seriam encargos sociais ligados, por exemplo, à educação e à saúde.

Nesse momento de crise da sociedade industrial, passa-se a argumentar que o Estado deve restringir sua intervenção na economia e nos setores sociais. O Estado de bem-estar social ou Estado Providência deveria ceder lugar a um novo formato de Estado, o chamado Estado mínimo.

Segundo essa lógica o Estado *deveria reduzir* sua inserção na economia privatizando suas empresas, enxugando seus quadros, e repassando ao setor privado a tarefa de gerir a economia sem muitas regulamentações que impedissem o livre trânsito econômico. Mais ainda, deveria imperar a chamada *lógica do mercado* quanto ao que seriam as inserções sociais do Estado, de modo que deixasse de pesar sobre os ombros dos agentes econômicos e dos próprios cidadãos, tornando-se mais ágil e dinâmico.

Trabalho e organização da vida social. Com esse quadro de transformações, Claus Offe lançou seu questionamento acerca da validade de se manter a centralidade da categoria *trabalho* como chave para o entendimento sociológico. Segundo ele, o trabalho estaria deixando de situar-se como *o* fato social principal. Dessa forma, as esferas do trabalho e da produção diminuiriam radicalmente sua capacidade de estruturação e de organização da vida social, abrindo espaço para novos campos de ação caracterizados por novos agentes e por uma nova forma de racionalidade.

Podemos perceber, então, que diante desse novo contexto exige-se cada vez mais explicações da parte dos atores envolvidos e dos pesquisadores que lidam com temáticas centradas, de alguma maneira, no mundo do trabalho. Em um momento no qual, em escala planetária, a humanidade passa por processos que levam a transformações materiais e simbólicas, a velocidade vertiginosa com que a realidade muda tem dificultado ainda mais a sua compreensão e interpretação. O quadro se agrava ao percebermos que pode-se estar tentando esse movimento com *ferramentas* teóricas ultrapassadas e que quaisquer formas de proposição e intervenção prático-política dependem de análises e conceituações mais precisas.

Buscando dar conta das transformações quantitativas e qualitativas por que passa o mundo do trabalho, a sociologia do trabalho tem levantado uma série de hipóteses com relação às origens, o desenvolvimento e os destinos dessas mudanças. Esse conjunto de alterações foi conceituado por uns como *especialização flexível* e por outros como um *novo conceito de produção.* Além disso, tais hipóteses já foram analisadas pela escola da regulação francesa e pelos teóricos do *pós-fordismo.*

O debate gira em torno da crise e continuidade do sistema de produção denominado *fordismo*, da emergência e vigência de uma nova forma produtiva, vinculada a novos padrões de demanda — a especialização flexível — e dos limites e possibilidades de expansão dessa nova forma produtiva, muitas vezes identificada com os processos que lhes serviram de base: o *toyotismo* ou o modelo japonês.

Sobressai, no interior do debate, a preocupação com o lugar dos trabalhadores em meio à turbulência atual. Uma grande atenção é dada ao processo de qualificação/desqualificação ao qual estariam submetidos os trabalhadores no processo produtivo, ao que se esperaria deles nesses novos processos, e como seriam suas formas de inserção. Além disso, para completar, que tipo de respostas os trabalhadores podem dar em um quadro como esse?

As interpretações oriundas de tais análises são importantes, na medida em que constroem um mapa que pode servir de orientação na leitura de processos em curso. As novas formas de gestão do trabalho e da produção têm se implantado, ainda que de forma desigual, ao redor do globo. O Brasil dos últimos anos tem desenvolvido sua própria experiência nesse sentido. Vamos agora discutir algumas linhas interpretativas das transformações em nível mundial e indicar de que forma as alterações nas lógicas da produção e do trabalho têm se dado na realidade brasileira.

A crise do modelo fordista. Os estudos voltados à temática do trabalho com o objetivo de dar conta das transformações do sistema fordista têm apresentado, para além de algumas especificidades, posições variadas que podem ser agrupadas em dois conjuntos: aqueles que defendem a existência de um movimento de superação do fordismo, apontando novos rumos possíveis; e aqueles que sustentam que as mudanças são uma readequação e um ajuste frente à crise do sistema produtivo.

Ambas as posições concordam que as mudanças estão relacionadas com uma crise no sistema fordista. É nesse contexto que se confrontam noções tais como as de especialização flexível e de *neofordismo*, e que também se verifica que tanto o entendimento da crise como seus possíveis desdobramentos têm relação direta com a definição do que vem a ser o sistema *fordista*.

Como lembra David Harvey a implantação do fordismo é muito mais complexa do que faz supor a mera apropriação do nome de Henry Ford para o processo. Sem desqualificar o papel de Ford — que introduziu o sistema de um dia de trabalho de oito horas com o pagamento de cinco dólares aos trabalhadores da linha automática de montagem de carros de sua fábrica — ele na verdade articulou, de forma singular, certas tendências correntes à época.

Para além do uso de inovações tecnológicas e organizacionais, bem como do formato corporativo nos empreendimentos de que Ford se apropriou e que já estavam em curso, muitos desde o século XIX, vale lembrar a apropriação que ele faz das idéias de Frederik W. Taylor centradas na noção de *administração científica*. Taylor, julgando o trabalhador um ser indolente (natural ou intencionalmente), advogava uma radicalização do processo de separação entre a concepção e a execução do trabalho (à gerência caberia o trabalho *intelectual*, e ao trabalhador, o *manual*). Defendia uma decomposição minuciosa do processo de trabalho em movimentos e tarefas fragmentadas e rigidamente controladas pelo tempo, resultando em um maior grau de hierarquização e desqualificação no interior do processo de trabalho. Tudo isso disposto em uma linha de montagem e com recompensa salarial separada do esforço empreendido pelo trabalhador.

Dessa forma, articulam-se como idéias formadoras da singularidade do fordismo: a separação entre concepção/execução, a fragmentação/rotinização/esvaziamento das tarefas; a noção de um homem/uma tarefa com especialização desqualificante; o controle do tempo de execução das tarefas estritamente orientadas por normas operacionais em um processo onde a disciplina se torna o eixo central da qualificação requerida; pouca ou nenhuma aceitação do *saber* dos trabalhadores tendo em vista contribuir para a melhoria do processo produtivo, e, conseqüentemente, do produto; e produção em massa de bens a preços cada vez menores para um mercado também de massa.

O exíguo aproveitamento do saber operário teria como rebatimento político-organizacional o fato de que os sindicatos, embora "aceitos", fossem pensados sempre como "corpos estranhos" essencialmente oponentes e externos à produção, interessados em estimular o choque de interesses antagônicos entre empregadores e empregados.

Por mais geral que seja a forma pela qual se tente reconstruir as características do sistema fordista, dependendo do caminho escolhido, pode-se refazê-lo de outras maneiras acrescentando, retirando ou realçando certas noções. É exatamente pela distinção no entendimento da definição do sistema fordista, de sua crise e de seu destino que podemos lançar luz sobre as noções e posições no debate.

Isso se faz mais facilmente tendo como pano de fundo aquilo que seria o paradigma da especialização flexível, sistema produtivo que teria superado o paradigma fordista ou pelo menos, em meio à crise, estaria em vias de superá-lo. Para além da sentida fluidez e amplitude na qualificação de processos que caracterizam a chamada especialização flexível — levando-se ao risco de que essa própria conceituação permita dizer qualquer coisa que se deseje —, algumas características podem ser identificadas.

Para esse paradigma, que tem Michael Piore e Charles Sabel como autores de ponta no livro *The Second Industrial Divide*, a crise do sistema fordista foi deflagrada no pólo do sistema que é externo à produção, isto é, na demanda e no consumo, os quais, ao se instituírem sobre novos padrões de exigência, tornaram o fordismo obsoleto a partir de uma de suas bases. A produção em massa, verticalizada, de produtos estandardizados, teria se defrontado com mercados cada vez mais saturados.

Porém, não foi apenas nesse nível que teria havido um estrangulamento. A partir dos anos 1970 outros mecanismos institucionais que davam suporte ao sistema, como as formas creditícias e a própria noção de Estado de bem-estar, só para dar alguns exemplos, também começaram a ser repensadas e restringidas.

A resposta à crise não surgia de elementos totalmente inusitados; antes, viria de uma certa recuperação de formas produtivas que sucumbiram, sem se extinguirem, diante do sistema fordista. Aquilo que poderíamos chamar de sistema de *manufatura* concorreu com idéias que se articulariam mais tarde no fordismo e, devido, sobretudo, à intervenção de ordem política, sustentada pela visão evolutiva com seu rebatimento tecnológico, acabou sendo derrotado embora continuasse a existir ao longo do tempo em experiências isoladas.

As idéias do sistema de manufatura nesse novo contexto auxiliariam teoricamente a compreensão das transformações pelas quais passamos e, na prática, se implementadas, poderiam levar à superação da crise da produção em massa. Se fizéssemos um recorte na teoria da especialização flexível e tomássemos, como indicamos, a saturação dos mercados e seus novos padrões de exigência como marco de partida, perceberíamos aí um dos pontos centrais da crise do sistema fordista. Sem seus amplos espaços de mercado, tendo que se adaptar à busca de nichos em um grau de concorrência extrema, as empresas teriam de produzir com versatilidade e qualidade.

A produção de bens estandardizados precisaria buscar uma tecnologia, um complexo homem/máquina, flexível. Às máquinas e ferramentas flexíveis seriam agregados trabalhadores flexíveis. A flexibilização no processo de trabalho imporia o deslocamento da relação um homem/um posto/uma tarefa e a aproximação das etapas de concepção, execução e controle, baseando-se na incorporação progressiva da competência dos trabalhadores no processo produtivo. Esse trabalhador "coletivo", organizado em grupos ou "ilhas" que, com a redução da hierarquia gerencial no interior do processo e, muitas vezes, subsidiado pelo suporte microeletrônico, passa a ter sobre si a responsabilidade de agir qualificadamente sobre pontos diversos do processo.

Esses ajustes se estabeleceriam também na estrutura das próprias firmas. Haveria uma sensível *desverticalização* organizacional (desmembramento da "empresa faz tudo"), apoiada na focalização em processos e produtos, com respectiva redução no porte e no número dos trabalhadores. Essa desverticalização — ou em muitos casos descentralização (conforme ocorrido na experiência italiana) —, baseando-se na cooperação e na confiança, estabeleceria um vínculo interempresas forçando uma relação mais estreita entre comprador e fornecedor; seus pontos principais seriam as noções de qualidade e rapidez, esta última fundamental considerando que um dos aspectos essenciais do processo é o *just in time*, isto é, a capacidade de operar com estoques reduzidos de matéria-prima com *inputs* regulados no tempo.

Tendo em vista a inter-relação e a velocidade das trocas e dos fornecimentos, a proximidade geográfica tornou-se ponto essencial e a constituição de *distritos industriais* passou a ser uma tendência mundial. Como exemplo desses procedimentos, temos as experiências concretas das pequenas e médias empresas da região da Emilia Romana, a chamada "Terceira Itália"; da fábrica da Volvo em Kalmar, na Suécia; e do fenômeno mais marcante, a experiência da Toyota, no Japão.

Conforme já assinalamos, esse *tipo ideal* de desenvolvimento industrial, puro na teoria, possui forma *híbrida* na realidade. Nesses termos é que vários autores percebem uma série de possibilidades de implantação e coabitação de processos produtivos. Se a noção de especialização flexível, de alguma forma, se encontra presente nas condições identificadas com o chamado pós-fordismo, ela não o esgota. Um problema é que as chamadas teorias pós-fordistas são tratadas homogeneamente, não se dando atenção suficiente às suas diferentes raízes e implicações.

O processo de trabalho em debate: da degradação às competências. O debate acerca das modificações no mundo do trabalho tem como um de seus pontos centrais aquele que se refere ao papel desempenhado pelos trabalhadores no processo produtivo. As mudanças em curso abriram uma série de indagações acerca dos impactos que trariam para as funções operárias na produção.

O livro *Trabalho e capital monopolista,* de Harry Braverman, serviu ao longo de muitos anos como lente de análise para a compreensão das inserções dos trabalhadores no processo produtivo. Ele partia da idéia de que o trabalho nos marcos do sistema capitalista de produção era degradado. Haveria uma tendência inexorável no interior do processo de trabalho que levaria a uma desqualificação progressiva como conseqüência do aprofundamento da divisão do trabalho no capitalismo. Esse processo simplificaria ao máximo as tarefas, exigindo-se maior especialização parcial; e menor, ou reduzida, qualificação global.

Segundo Braverman, o modo de produção capitalista destrói sistematicamente todas as habilidades à sua volta, dando origem a qualificações e ocupações que correspondem às suas necessidades. Toda fase do processo de trabalho é divorciada do conhecimento e de preparo especial, sendo reduzida a simples trabalho. Nesse ínterim, as poucas pessoas para quem se reservam instrução e conhecimento são isentas tanto quanto possível da obrigação de simples trabalho.

Assim, a modernização tecnológica produziria no processo de trabalho dois setores "polarizados" em termos de suas qualificações: de um lado, um pequeno setor altamente qualificado; de outro, toda uma massa de pouco qualificados. Isso se agravaria com a introdução de novas tecnologias que, ao reforçarem os delineamentos da divisão do trabalho, intensificariam a desqualificação da mão-de-obra. No processo de trabalho capitalista a unidade *natural* do trabalho seria quebrada, separando-se a *concepção* da *execução*.

Como resultado de tal separação teríamos a *desqualificação* e o *controle* marcando a inserção dos trabalhadores no processo de produção capitalista. Ambos visariam assegurar a subordinação real do trabalho, convertendo força de trabalho em trabalho real. Além disso, para os trabalhadores, significariam a redução de seu grau de interferência/resistência, individual ou coletiva, no processo.

As *gerências* teriam aí um papel destacado no sentido de controlar o trabalho e garantir que a lógica geral se efetivasse. O aumento do controle gerencial se daria com a correlata diminuição da influência operária sobre os meios e a natureza da produção. O controle sobre o processo de trabalho passaria das mãos operárias para as dos capitalistas, promovendo uma alienação cada vez maior dos trabalhadores frente ao processo produtivo.

Apesar de ter gerado o que se chamou de *bravermania*, dada a sua influência, a análise de Braverman foi também alvo de muitas contestações. Para ficarmos apenas em um exemplo, Michael Burawoy assinala um certo limite de tal visão já que, segundo ele, pensar o *taylorismo* — ou a separação entre a concepção e a execução — como a estrutura fundamental do controle capitalista é tomar uma simples expressão do controle pela sua essência. Deve-se considerar não só o domínio econômico do trabalho, mas também o ideológico e o político.

Nessa linha, Braverman teria se atido apenas aos elementos "objetivos" do trabalho, o que não lhe permitiu entender a natureza do controle, já que, por definição, o controle lida com aspectos "subjetivos" do trabalho, ou seja, com processos políticos e ideológicos. Assim, a organização do processo de trabalho não produziria apenas conflito e resistência, o *consentimento* também seria um de seus produtos. É preciso que se leve em conta o complexo jogo entre controle, consenso e negociação na relação capital/trabalho.

Mesmo que a análise de Braverman se refira a um momento no qual o mundo das técnicas de produção dava passos iniciais em termos de sua *automação* e *informatização*, nem por isso suas idéias deixaram de vigorar no cenário atual de transformações, já que para alguns autores, o mesmo aparato conceitual pode ser usado em ambos os cenários. Para essa perspectiva, as novas formas organizacionais ou tecnológicas surgiriam exatamente da exigência de renovação das técnicas de controle sobre o trabalho, em um contexto no qual o trabalho parcelado e repetitivo entra em crise de eficiência.

Deve-se assinalar, contudo, que outras pesquisas indicam que as mudanças no mundo do trabalho trazem consigo fenômenos que podem ser relativos a outros processos que não o da desqualificação. É interessante notar que, em alguns casos, tais pesquisas foram realizadas por autores que antes defendiam a visão da "polarização das qualificações". Para Horst Kern e Michael Schumann, por exemplo, a racionalização na produção capitalista teria atingido tal ponto que as gerências só conseguiriam aumentar a eficiência do trabalho se flexibilizassem os rígidos contornos da divisão do trabalho. Eles questionam a idéia de que só através da redução radical do trabalho vivo e/ou pela via da desqualificação seria possível obter o máximo de eficiência.

Esses mesmos autores chegaram a defender a idéia de que nem o mercado, nem o produto, no estágio de racionalização da indústria, poderiam se compatibilizar com o padrão de racionalização do modelo taylorista-fordista. O incremento da valorização do capital não poderia mais se dar sem uma nova forma de conceber a utilização da mão-de-obra.

Nesse quadro, a introdução de *novos conceitos produtivos* garantiria a tendência, diferentemente do paradigma anterior, para a formação e reprofissionalização da mão-de-obra industrial, bem como para o esmaecimento da rígida divisão do trabalho. Assim, esse novo conceito de produção representaria uma ruptura com o taylorismo e o fordismo, possibilitando a indagação de se isso não significaria o próprio fim da divisão do trabalho.

Em muitos estudos, o modelo japonês virou referência como exemplo maior dos efeitos *qualificadores* do novo paradigma produtivo que estaria suplantando o fordismo. A forma de organização do trabalho em algumas empresas japonesas estaria fundada em um trabalho cooperativo, de equipe, com ausência de demarcação das tarefas a partir dos postos de trabalho sob prescrição individual. Dessa forma, teríamos como efeito central o surgimento da polivalência, com rotatividade das tarefas.

O trabalhador dessas empresas japonesas seria, portanto, o exemplo da polivalência e multifuncionalidade, dando conta dos mais variados aspectos da produção, tais como fabricação, manutenção, controle de qualidade e gestão da produção. As qualificações exigidas nesse novo modelo produtivo contrastariam com a lógica geral taylorista, na medida em que se exigiria do trabalhador a capacidade de pensar, ter iniciativa e decidir.

Na literatura pertinente percebe-se que uma larga parcela de pesquisadores, apesar de diferenças, têm aceitado o fato de que nesse novo quadro produtivo a qualificação dos trabalhadores seria uma exigência central para a reprodução do sistema, assim como a desqualificação o fora para o momento anterior.

A exigência dessas novas qualificações teria colocado em questão a própria maneira de se conceber a noção de *qualificação*. Helena Hirata indica o fato de que já se reconhece que os componentes implícitos e não organizados da qualificação desempenham papel também importante junto aos componentes organizados e explícitos, como educação escolar e profissional e formação técnica.

Todo esse processo levaria, em termos teóricos, a uma quase superação da tese da *polarização das qualificações*, dando surgimento ao chamado *modelo da competência*. Este poderia ser definido como um novo modelo *pós-taylorista* de qualificação no estágio de adoção de um novo modelo pós-taylorista de organização do trabalho e de gestão da produção. Nele, a qualificação real dos trabalhadores passa a constituir-se a partir de características tais como o conjunto de competências implementados no trabalho, articulando vários saberes, que seriam advindos de múltiplas esferas.

As empresas passariam a utilizar e se apropriar das aquisições individuais da formação, sobretudo escolar. O modelo da competência, que parece assumir espaço central no debate, ainda está marcado por controvérsias. Para alguns autores, entre eles Helena Hirata, a noção de *competência* estaria perdendo a multidimensionalidade contida na noção de qualificação e estaria marcada política e ideologicamente por sua origem (discurso empresarial), deixando de lado a idéia de relação social, essencial na definição do conceito de qualificação.

Tendo tal indicação em vista, podem-se identificar alguns problemas no tocante à inserção dos trabalhadores no processo produtivo gerenciado pela competência. Ela pode reduzir-se a formas que visem adequar pura e simplesmente a formação ao atendimento dos interesses e necessidades do capital, dando mais importância aos resultados do que ao seu processo de construção. Além disso, a inserção dos trabalhadores no processo pode se dar sob um ponto de vista individualizante. No quadro geral da ação e organização dos trabalhadores, isto pode representar um grande problema já que acordos *individualizados* acabam por enfraquecer as práticas e ações coletivas, minando o poder sindical.

O pressuposto do aumento progressivo dos requisitos de qualificação no novo paradigma produtivo, associado ao aumento do desemprego, levou alguns analistas à criação do conceito de *empregabilidade*. Em torno de tal noção, que toca também ao universo do mercado de trabalho, tem transcorrido parte do debate mais recente sobre a questão da qualificação *versus* desqualificação. Empregabilidade poderia ser definida como a capacidade da mão-de-obra de se manter empregada ou encontrar novo emprego quando demitida, em suma, de se tornar *empregável.*

Na visão de Márcia Leite, a noção de empregabilidade seria um deslocamento da idéia de que o desemprego se daria através do descompasso entre a população economicamente ativa e a oferta de trabalho. O desemprego seria, para essa nova visão, o resultado das inadequações dessa população às exigências de qualificação do novo paradigma produtivo. A oferta de trabalho estaria garantida para toda a população economicamente ativa conquanto houvesse uma adaptação às demandas da nova situação.

Alguns argumentos, no entanto, identificam fragilidades na noção de empregabilidade. Um deles se refere ao fato de que apesar de todos os investimentos feitos na qualificação profissional, não se tem conseguido atenuar as tendências do desemprego. A idéia de que a educação, como uma panacéia, seria a saída para esse quadro não tem sustentação ao se observar o número de pessoas capacitadas, com terceiro grau de escolaridade, que tem deparado com dificuldades para encontrar emprego. Além disso, o treinamento puro e simples da mão-de-obra não parece ter sido suficiente para aumentar as ofertas de trabalho.

Mais delicada ainda é a ênfase na responsabilidade individual do trabalhador por sua situação de desemprego. A partir do momento em que se coloca sobre os ombros do desempregado a responsabilidade de se tornar empregável, acaba-se por justificar sua exclusão do mercado de trabalho pelo fato de ser inadequado quanto às demandas de qualificação exigidas.

Trabalho no plural. A perspectiva de gênero é uma outra contribuição de caráter geral que tem trazido alguns elementos críticos ao debate acerca dos novos conceitos de produção, bem como para a temática da qualificação.

Percebe-se, como lembrado por Danielle Kergoat, que uma certa cegueira tem acompanhado os estudos da sociologia do trabalho no que diz respeito às questões de gênero. Isto se relaciona com a forma vaga com que tem sido tratada a questão da divisão sexual do trabalho. Incorporar a perspectiva da divisão sexual do trabalho no debate significa questionar a empresa como categoria analítica central tendo em vista que a problemática de gênero perpassa toda a sociedade. Com isso, conforme assinala Helena Hirata, rompe-se também com o ponto de partida tradicional das análises que tem sido o trabalhador homem, como se ele representasse de forma plena e cabal o universo do trabalho.

O paradigma da especialização flexível não escaparia de tal orientação, fundando-se sobre esse mesmo tipo de visão, ou seja, sem atribuir importância específica à participação da mulher no mundo do trabalho.

Os impactos dos novos conceitos de produção são bastante diferenciados para homens e mulheres, conforme tem sido demonstrado por vários estudos. É possível dizer que no caso masculino, a nova organização industrial vai envolver, de alguma maneira, políticas concretas de reprofissionalização e retreinamento do trabalho, com o surgimento até mesmo de novas carreiras.

Porém, destino distinto enfrenta o componente feminino da produção. No processo de fusão de *qualidades* antigas à exigência de novas qualidades, para as mulheres estaria ocorrendo a simples formação para um posto de trabalho sem a criação de novas carreiras profissionais. Elas estariam se tornando polivalentes, sem o correlato aumento do salário e sem a perspectiva de promoções.

A própria noção de qualificação leva os contornos do sexo. Ser um trabalhador qualificado não tem o mesmo sentido para homens e mulheres. Uma operária qualificada não consegue escapar de constrangimentos do trabalho repetitivo ou na linha de produção. Além disso, as próprias políticas de formação, ao serem centradas no trabalhador masculino, acabam por reforçar desigualdades. Ao não terem a mesma extensão ou a mesma significação para mulheres e homens, os procedimentos de formação/requalificação podem significar o lugar da construção da "incompetência técnica" das mulheres.

Se no âmbito masculino, as mudanças correntes podem dar margem a um debate sobre possíveis positividades, argumentando a favor de avanços para os trabalhadores; no feminino, a divisão sexual do trabalho e a inovação podem reforçar a exclusão das mulheres, ameaçando ainda mais as mulheres não-qualificadas.

Os *novos padrões de produção*, portanto, conseguem coabitar tranqüilamente com a divisão sexual do trabalho, muitas vezes reforçando seus contornos sob nova forma, estando muito longe de acabar com as desigualdades entre o trabalhador masculino e o feminino na produção.

Um exemplo interessante disso se dá no processo de qualificação profissional. Como indicado por Danielle Kergoat, os efeitos da modernização para as mulheres operárias seguem o caminho inverso daquele dos homens, e os empregos não-qualificados se feminizam cada vez mais.

Como vimos, os estudos de gênero têm servido para colocar em xeque algumas das afirmações generalizantes dos *novos paradigmas produtivos*. Porém, não é apenas a partir da divisão sexual do trabalho que podemos relativizar e até mesmo questionar os princípios gerais embutidos nesses novos paradigmas.

A divisão internacional do trabalho é um outro flanco por onde se pode caminhar e perceber as limitações de algumas das proposições e projeções para o mundo do trabalho. Se mesmo nos países chamados centrais temos a coabitação de novas formas produtivas com o padrão fordista, isto é ainda mais verdadeiro para os países ditos do "Terceiro Mundo", onde os princípios da produção fordista e de sua correlata organização do trabalho são ainda presentes e dominantes. Tomando o Brasil como exemplo, ainda que se possa constatar a emergência de um novo padrão de organização do trabalho alternativo ao fordismo, não seria correto dizer que já teria ocorrido uma ruptura com os princípios fordistas em termos práticos da empresa.

Assim, conforme já destacado por Helena Hirata, o que temos nos países "periféricos" seria um quadro no qual métodos e práticas tayloristas, utilizados em processos de produção estandardizadas, sem muita preocupação com a qualidade, conviveriam com experiências pontuais de inovação organizacional e tecnológica.

Dessa forma, é preciso perceber que os impactos das inovações não têm as mesmas conseqüências para os trabalhadores, entendidos aqui em suas diferenças de sexo e nacionalidade.

Da Toyota para o mundo. A discussão analítica envolvendo as noções de especialização flexível, pós-fordismo e até mesmo neofordismo têm como referência concreta, de uma forma ou de outra, o advento das novas formas de organização e gestão do trabalho e da produção empreendidas pela fábrica de automóveis japonesa Toyota. Ainda que não de forma exclusiva, é patente o impacto dessas inovações no processo de reestruturação produtiva que ocorreu no mundo industrializado nos últimos anos, de modo até a se configurar em um paradigma que passou a ser chamado de modelo japonês.

Quando o engenheiro Taiichi Ohno começou a implantar inovações na organização do trabalho e na gestão da produção na Toyota, nos anos 1950, talvez não imaginasse que obteria tanto sucesso e notoriedade com o sistema que, apesar de levar o nome de sua fábrica (Toyotismo), acabou se estendendo de forma modelar para um sem-número de indústrias e outros setores econômicos. Com o desenvolvimento e ampliação desse tipo de processo produtivo termos como *just in time* (JIT), *kan-ban*, *Círculos de Controle de Qualidade* (CCQs), entre outros, passaram a integrar e alterar a vida e o vocabulário corrente de milhões de pessoas ao redor do mundo.

O chamado modelo japonês, como observa Nadya Castro, se constituiu em torno de noções tais como rapidez, produtividade, qualidade e participação. O desdobramento e a realização prática disso se dariam através da integração em fluxo contínuo das etapas e a circulação permanente do produto em transformação; redução de estoques com a implementação do *just in time* (controle do estoque, que tem a peça certa, na hora e quantidade certa), sistema *kan-ban* (controle de produção baseado em indicações visíveis do material necessário à produção JIT) e organização celular da manufatura.

No tocante à qualidade, parte-se da idéia da focalização das atividades da empresa em produtos e tarefas onde se garanta sua maior competitividade e lucratividade, deixando as outras atividades complementares para firmas "terceiras" que passam a fazer parte, de modo decisivo, do processo produtivo; e da detecção e resolução rápida dos problemas surgidos na linha de produção, tornando sua correção menos onerosa. Isto exige uma ação mais engajada dos trabalhadores em um processo de melhoria contínua do curso de produção (*kaisen*). Esta preocupação deve ser compartilhada por todos, que seriam sempre estimulados a promover inovações, trazendo a manufatura para o centro da estratégia gerencial da empresa.

A relação *interfirmas* também se altera nesse modelo, modificando o perfil organizacional, e, sobretudo, a relação cliente-fornecedor. Com isso, temos a articulação do processo de produção interno da fábrica com os fornecedores externos através do *just in time*, que possibilita a redução dos estoques. Não se pode esquecer que a constituição desse novo padrão produtivo contou, ao longo dos anos, com o apoio efetivo do Estado, dos empresários e dos sindicatos.

Essa experiência tem como um de seus pontos centrais a relação entre trabalhador e processo de produção. Para alguns autores, como Benjamin Coriat, levando-se em conta a proposta de um novo papel atribuído aos trabalhadores, o resultado seria, invertendo a lógica do *fordismo*, a desespecialização dos trabalhadores e das máquinas, concretizada pelas recomendações conjuntas de "liberalização" da produção, da "autonomia" e multifuncionalidade dos trabalhadores.

As inovações e incrementos promovidos pelos trabalhadores, divididos e organizados em grupos ou equipes produtivas, passariam a garantir um adicional de salário, vinculado ao desempenho e à produtividade. Nessa nova posição a intenção seria, além de programar e controlar coletivamente a produção (com achatamento da hierarquia gerencial e maior interconexão entre concepção, execução e controle), gerar uma integração de interesses e compromissos com os empregadores. O sindicalismo, nesse quadro, é pensado pelas empresas como elemento interno à produção, resultando daí a proliferação dos sindicatos de empresa que "negociam" e auxiliam nessa interação.

Embora exista um consenso nas análises quanto à existência efetiva do modelo japonês, o mesmo não se dá quando a discussão se volta para o caráter das mudanças que vêm ocorrendo. Se para os identificados com o paradigma da especialização flexível o modelo japonês significaria uma alternativa ao fordismo, para os neofordistas ele significa exatamente ajustes e adequações no âmbito do próprio fordismo, à medida que não só continuariam a existir as distâncias entre concepção e execução, como também o trabalho desqualificado ainda teria grande vigência.

Mesmo considerando a sensibilidade para as mudanças ocorridas no mundo do trabalho, ainda há dúvidas sobre alguns pontos referentes ao modelo japonês em particular e ao paradigma da especialização flexível em geral. Consideramos que por si só um agregado de novas tarefas e funções não garante uma requalificação mais ampla do trabalho e menos ainda a *desrotinização* das atividades. Como indica Ben Watanabe, esse "novo" trabalhador estaria mais para polivalente do que para politécnico. E a divisão trabalho intelectual/manual subsistiria já que seriam os profissionais altamente qualificados da empresa, em seus centros técnicos, que seriam os responsáveis pelo desenvolvimento tecnológico — e não os trabalhadores do chão de fábrica, mantendo-se a feição repetitiva do trabalho.

A própria noção de qualificação parece ser entendida e efetivada apenas como um conjunto de ações para evitar incidentes que interrompam a produção. Além disso, parte dos benefícios oriundos da criação dos mercados internos de trabalho produz um tipo de "elite" dentro do espaço fabril, desabrigando toda a massa de trabalhadores à sua volta, como no caso dos "terceirizados".

Outro ponto problemático com relação a todo o processo é o fato de que a Toyota foi recriminada por sempre dar preferência em suas contratações aos jovens e do sexo masculino. O deslocamento do controle sobre a produção e o seu ritmo, dos gerentes para os grupos/equipes ou ainda para seus líderes, não parece ter diminuído: muito pelo contrário, até fizeram crescer o estresse e o desgaste físico e mental no trabalho, tendo aumentado a freqüência da morte instantânea por trabalho estafante (fenômeno que leva o nome *karoshi* em japonês).

No que diz respeito à organização dos trabalhadores, os impactos dessas mudanças têm resultados trágicos. Ainda que sempre se repita a importância da cultura tradicional japonesa como um dos pontos de reforço da relação "cooperativa" dos trabalhadores com as empresas, é preciso lembrar que não só no Japão, mas também em outros países onde tem se tentado implantar as "técnicas japonesas", esse processo se deu sobre os escombros das estruturas organizativas sindicais mais combativas. No caso japonês, foi após a violenta repressão do início da década de 1950 e do decorrente desmonte da estrutura sindical combativa e classista preexistente, que o toyotismo logrou efetivar seu modelo de sindicalismo por empresa.

Por todos os países, tem sido uma constante o difícil relacionamento do modelo japonês com uma organização sindical que não lhe seja favorável. No caso da Inglaterra, por exemplo, buscando escapar da já tradicionalmente aguerrida cultura e organização sindical, as fábricas japonesas que se instalaram naquele país optaram sempre por se afastar dos centros mais "combativos" em termos sindicais, indo procurar os chamados *greenfields* (áreas geográficas com pouca ou nenhuma tradição industrial e sindical). Além disso, no próprio processo seletivo para a contratação de mão-de-obra, aqueles trabalhadores sem "experiência" sindical anterior eram preferidos a outros já imersos em uma cultura sindical e que poderiam ser pouco favoráveis aos projetos propostos pela empresa em termos "cooperativos".

Todos esses fatores associados, principalmente aqueles referentes à relação trabalhador/produção, têm trazido problemas de reprodução do "modelo" no próprio Japão. Após sucessivos anos de recessão, problemas antes relevados se tornam insustentáveis, ao ponto que a grande parcela dos jovens japoneses não aceita se integrar e/ou entregar às condições de trabalho oferecidas pelas empresas.

Mesmo os trabalhadores "estáveis" das grandes empresas apresentam sinais de que a garantia no emprego e a remuneração recebida parecem não compensar sua inserção em um sistema que os absorve inteiramente, privando-os de seus espaços fundamentais de sociabilidade.

Reestruturação à brasileira. Apesar de seus claros limites apontados acima, o modelo japonês tem sido visto ao redor do mundo como a saída para crises e a possibilidade de melhorar o desenvolvimento das empresas e da sociedade. O Brasil não escapou, nos anos 1990, da onda de reestruturação produtiva que já vinha ocorrendo no mundo industrializado. Novas formas de gestão do trabalho, flexibilização, terceirização, entre outras práticas, têm sido experimentadas pelas empresas brasileiras.

É verdade que isso vem ocorrendo de modo desigual, e se já é possível identificar alterações no processo produtivo em si, na maioria dos casos pode-se constatar que as novas estratégias empresariais têm se preocupado mais em cortar custos, eliminando, em definitivo, postos de trabalho, como demonstrado por José Ricardo Ramalho e Heloísa Martins. A precarização do trabalho pode ser considerada uma tendência que se afirma com a abertura de mercado e o aumento da competitividade, além de haver uma tendência à perda na qualidade do emprego e das relações de trabalho.

Para além da quase eterna discussão teórica sobre a possibilidade de transferência de modelos de uma realidade à outra, percebemos que na prática dos indivíduos há uma busca incansável de exemplos ou experiências que orientem ações, mesmo que em contextos renovados. É sensível na realidade brasileira dos últimos anos a tentativa por setores empresariais da implantação de novas técnicas de organização e gestão do trabalho e da produção. Ainda que visem o "modelo japonês" acabam por contextualizá-lo em termos de interesses empresariais de curto prazo e/ou da situação nacional, muitas vezes usando isoladamente métodos e técnicas que antes, articulados, compunham o "modelo".

O contexto brasileiro não chega a ser o da crise clássica do fordismo em suas claras referências ao mercado saturado. Aqui, o contexto das inovações tem relação direta com a tentativa de acesso ao mercado mundial, seus padrões de preço e qualidade dos produtos e a abertura comercial promovida durante o governo de Fernando Collor. Esse processo forçou à competitividade uma economia que, em grande parte, senão em sua totalidade, se desenvolveu sob o guarda-chuva protecionista. A estreiteza de mercado interno impôs também sua contribuição a esse contexto, tendo em vista que, apesar de potencialmente amplo, ele é altamente restringido pela concentração de renda, que transforma o quantitativo em qualitativo, abrindo "janelas" — nichos de espaços de consumo e alta lucratividade — duramente disputadas.

Na disputa de tais espaços, entretanto, as empresas estão precisando lidar, nem sempre de forma satisfatória, com problemas que lhes são tanto de ordem interna como externa. Haveria um escasso dinamismo tecnológico e um correlato atraso relativo da indústria brasileira. Conforme já constatado por Ruy de Quadros Carvalho, isso poderia ser explicado por um padrão de industrialização marcado pela exploração predatória de mão-de-obra barata e de recursos naturais abundantes e na manutenção de um protecionismo generalizado e ilimitado no tempo.

Desse quadro resultariam a permanência de processos de trabalho convencionais com pouco espaço e aceitação da inovação e o uso predatório de uma força de trabalho pouco qualificada, que por isso justificaria seu baixo salário.

No que diz respeito à baixa qualificação e até mesmo à baixa escolaridade da força de trabalho no país, muitas vezes utilizada como argumento justificativo dos obstáculos à modernização, deve-se chamar atenção para o fato de que as mesmas foram resultado, entre outros fatores, de uma demanda que vinha sendo formada há tempos por um processo de recrutamento taylorista.

Porém, apesar das limitações, a flexibilização vai ganhando espaço no mundo da produção. Entretanto, isso se dá de forma bastante desigual entre setores produtivos e esferas de relação (dentro das próprias empresas, entre empresas e na regulamentação do trabalho), com resultados também variados.

De forma geral, se observarmos a tentativa de implementação da flexibilização via introdução de métodos e técnicas do que já foi chamado de "nova escola de gestão da produção" (modelo japonês), perceberemos que ela tem enfrentado barreiras que vão desde o interior fabril até a regulação geral por parte do Estado (ausência de infra-estrutura, política industrial, investimento em qualificação profissional, política salarial etc.).

Assim, como constatado por Mário Salerno, a flexibilização na produção foi marcada pela introdução de "sistemas", tais como o *just in time*, *kan-ban* e os CCQs, muitas vezes isoladamente e com seu sentido transformado. O trabalho, como regra, continuou tendo prescrição individual, via carta de processos, roteiros de fabricação ou ordens orais. A polivalência pareceu ser antes multitarefa do mesmo teor que um desenvolvimento de múltiplas habilidades por uma força de trabalho altamente qualificada.

A isso se agregou o fato de que as gerências apresentaram uma grande dificuldade em incorporar a competência dos trabalhadores no processo, deixando explícita uma longa herança de autoritarismo no interior fabril. Com isso, teríamos o desenvolvimento de um processo que adiciona a adoção de novas técnicas e novos métodos às relações de trabalho retrógradas, que tem por base os baixos salários e a falta de procedimentos que visem a estabilização da mão-de-obra.

Desmembrado o modelo, houve uma apropriação muito particular de suas partes. Em algumas empresas o sistema *kan-ban* tornou-se apenas a coloração das ordens de serviço, perdendo seu aspecto de conectivo intra e extrafábrica. Além disso, há um quadro geral de empresas muito verticalizadas, o que tem colocado limites à focalização, reduzindo a competitividade e a qualidade das mesmas.

A flexibilização avançou muito, aproveitando-se da flexibilidade preexistente na esfera da contratação do trabalho. Podemos caracterizar esse processo como o que John Humphrey chamou de *flexibilidade defensiva*, que deixa a organização da produção intocada e aumenta, sobremaneira, a flexibilidade dos contratos de trabalho.

Nesse sentido, vemos pipocar terceirização por todos os lados e das mais variadas formas, intensificando cada vez mais o processo de precarização do trabalho. O que está ocorrendo é uma verdadeira exportação de tensões, conflitos e da própria legislação trabalhista para fora das unidades produtivas, já que mesmo alocados dentro de seu espaço, os terceirizados são trabalhadores de um "terceiro". Isto se explicita mais quando as grandes empresas transformam as casas de seus funcionários em minifábricas, em uma cruel reapropriação do trabalho doméstico, corroendo, entre outras, a legislação trabalhista e a representatividade sindical. Tudo isso com um pano de fundo caracterizado pelo desemprego massivo.

Os trabalhadores, na maior parte das vezes, têm tido pouco espaço para expressar suas posições e imprimir suficientemente suas demandas. Em um contexto como esse, a flexibilização tem sido vista com reservas, quando não rechaçada pelo movimento sindical, que já traz ao longo de sua história uma trajetória na qual, pelas circunstâncias, a pró-ação sempre cedeu lugar a propostas reativas e à resistência. Apenas em alguns casos e/ou em alguns setores de ponta se verifica a intenção de se negociar a implantação das inovações, dando-lhes inclusive novos sentidos.

As diferentes forças atuantes no meio sindical de nosso país, conforme as suas orientações político-sindicais, têm tentado enfrentar todas essas questões, apresentando, obviamente, sugestões de caráter variado e, muitas vezes, antagônicos. Não existe, até aqui, uma proposta que unifique as diversas posições no movimento sindical no sentido do enfrentamento da crise. Elas possuem leituras diversas do quadro em curso e proposições de intervenção também diferentes. Um dos pontos que tem sido recorrente — e polêmico — no debate no interior do movimento sindical é a preocupação dos trabalhadores com a qualificação profissional e com a disputa de espaços nessa área, questão da qual esteve afastado durante muito tempo e que, apesar das limitações, foi alçada novamente ao primeiro plano.

Trabalhadores e sindicatos frente às mudanças

Sindicalismo em tempos de transformação: crise ou declínio?
Ter nos sindicatos o alvo central de seus impactos parece ser uma das vertentes constituintes dos processos de transformação em curso na sociedade contemporânea. Toda a lite-

ratura sociológica reconhece que a "flexibilização da produção" trouxe grandes problemas para os sindicatos. Alguns autores, como Leôncio Martins Rodrigues, por exemplo, chegam a perguntar se, com a reestruturação produtiva, a evolução dos modelos organizacionais e o questionamento dos modos tradicionais de representação e de delegação, o sindicalismo não teria perdido definitivamente a sua marca ou estaria condenado ao declínio e desaparecimento.

No entanto, o debate produzido pela percepção dessa "crise" revela divergência quanto ao modo de interpretar os efeitos das mudanças sobre a instituição sindical. Para alguns, esse processo aponta para um declínio inexorável do sindicato, enquanto outros consideram que a crise não é da instituição de representação dos trabalhadores, mas de um tipo de sindicato atingido duramente pelas transformações na produção.

Embora a referência à organização sindical em geral se faça com relação à abrangência de sua representação nas lutas em defesa dos interesses dos trabalhadores e da igualdade social, um dos grandes méritos da atual produção intelectual está em procurar entendê-la, enfatizando a sua complexidade e diferenciação, que varia conforme o país ou a região, o ramo da indústria ou o ramo econômico, e as diferenças decorrentes da qualificação, sexo, etnia, setor de emprego, tipo de contrato etc.

Poderíamos indicar alguns aspectos que têm sido identificados pela literatura na caracterização e na análise de seu desenvolvimento. Os sindicatos são instituições que surgiram na maioria dos países (industrializados) como organismos de representação de interesses setoriais, freqüentemente locais e coletivos, e que se tornaram organizações mais abrangentes de forma lenta.

Em seu formato moderno, os sindicatos estabeleceram-se, com graus variados de eficiência, como órgãos que agregam e defendem os interesses de trabalhadores no âmbito nacional. Mesmo assim, suas estruturas e estratégias freqüentemente não conseguem superar particularismos divergentes. Nesse sentido, em tentativas de construção de organizações transnacionais, os problemas de representação são intensificados e agravados devido às enormes diferenças de perspectivas dos sindicatos nacionais. Os sindicatos são formas, dentre outras, de representação de assalariados, já que estes se reconhecem também dentro de movimentos sociais, pequenos grupos de esquerda, de partidos de esquerda, de direita e às vezes de extrema-direita, presentes no mesmo lugar de trabalho.

Deve-se mencionar também o fato de que, para além de sua faceta representativa, os sindicatos desenvolveram, em muitos casos, uma estreita relação político-ideológica com movimentos revolucionários em seus mais variados matizes, sendo pensados — e tendo atuado — como peças importantes nos processos de transformação social.

Todos esses aspectos históricos, organizativos e políticos têm sido levados em conta na avaliação das dificuldades por que passa o sindicalismo nos países industrializados. No entanto, nas análises sociológicas o seu peso tem variado conforme a ênfase — otimista ou pessimista — no que se refere à capacidade de reação dos sindicatos aos desafios colocados pelo novo cenário. Como pano de fundo, as análises trazem o debate acerca dos destinos do sindicalismo. Viveria ele um momento de crise ou um declínio terminal?

Diversos fatores são apontados como razão para justificar esse momento de "crise". As principais causas indicadas estão associadas às mudanças na estrutura produtiva, dentre elas: (1) a "flexibilização" das relações de trabalho e o crescimento do trabalho em tempo parcial, tempo determinado e por conta própria; (2) o uso intensificado da subcontratação, do trabalho a domicílio e o aumento da participação feminina no mercado de trabalho, além do crescimento do desemprego; (3) a redução do emprego industrial provocada pelo avanço tecnológico e pela automação; (4) a possibilidade atual das empresas de deslocamento e segmentação de suas atividades; e, finalmente, (5) o uso de novas formas de gestão que enfatizam a participação dos trabalhadores e desestimulam a sindicalização.

Como desdobramento dos processos indicados acima, identificam-se também outros tipos de problema, de natureza político-organizativa. Um dos mais sensíveis tem sido o crescimento do conflito de interesses e da competição entre os trabalhadores, ou seja, uma ruptura que separa os trabalhadores masculinos, qualificados e de meia-idade (que tradicionalmente dominam a política dos sindicatos e da representação de interesses na empresa) e os grupos mais sujeitos aos riscos do mercado de trabalho (mulheres, jovens, idosos, deficientes etc.). Com o desemprego estrutural, quase todas as reivindicações e negociações sindicais tendem a favorecer os primeiros em detrimento dos demais. A crise não só aumenta o poder do capital, mas também repercute na classe trabalhadora, instaurando o que seria um corte entre "vencedores" e "perdedores".

Além disso, o sindicalismo teria de agir agora premido pelo desemprego em massa. O medo do desemprego tornou-se um poderoso fator de desmobilização sindical. Embora os sindicatos venham tentando representar os interesses dos desempregados, o fato de estarem enfraquecidos no relacionamento com as empresas acaba por torná-los completamente voltados para a defesa do interesse daqueles que ainda têm um emprego.

Finalmente, temos os percalços vividos pelo sindicato como instituição. Constata-se uma "pane" no discurso sindical. Termos como classe operária, burguesia, proletariado, luta de classes, que faziam sentido há dez anos, parecem não fazer mais, a não ser para alguns iniciados. Nessa pane, a chamada *crise do Leste europeu*, com a conseqüente queda do muro de Berlim, teria desempenhado papel importante.

Nesse debate sobre a crise do sindicato, merecem destaque as contribuições como as do sociólogo inglês Richard Hyman, que contestam a tendência que aponta para a desagregação, a divisão e o fim do sindicalismo solidário. Em sua crítica à tese da desagregação argumenta-se que o que está em jogo é uma visão mitificada do passado percebido como uma época dourada, quando os trabalhadores eram espontaneamente coletivistas e as organizações laborais alinhavam-se por detrás de um projeto de classe unificador.

Essa linha de raciocínio amplia a margem do debate sobre a "crise", confere importância às transformações particulares e relativiza afirmações sobre a existência de uma tendência do coletivismo ao individualismo por ser uma interpretação unilateral de um conjunto de processos culturais complexos e variados. Para essa perspectiva, embora os ideólogos dos sindicatos possam ter concebido tradicionalmente o coletivismo como um valor moral em si, o mais realista seria supor que, à parte os momentos de mobilização de massas, a maioria dos membros dos sindicatos aderiu à organização coletiva como meio mais eficaz de tornar realidade suas necessidades e aspirações individuais.

A partir desse ponto de vista, o que vem ocorrendo não é uma crise do sindicalismo, mas uma crise de seu estilo e orientação tradicionais. Nesse sentido, deve-se fazer uma análise fina da questão da solidariedade e perceber que os princípios e as práticas do sindicalismo sempre mostraram uma tensão entre ambiciosas declarações de solidariedade, em geral vinculadas às metas da transformação socialista, e as rotinas de defesa dos interesses imediatos do emprego de categorias específicas de afiliados.

Buscando desmistificar interpretações que apontam para uma situação mais catastrófica, pode-se argumentar que a noção de classe operária sempre foi uma abstração — nunca uma descrição ou generalização sociológica — e que a diferenciação, a divisão e a desunião têm sido traços onipresentes do desenvolvimento sindical. Porém, apesar das circunstâncias adversas, segue existindo um espaço para as iniciativas estratégicas dos movimentos trabalhistas, de maneira que seja possível contar com novos meios para transcender as divisões e construir o interesse comum. O que imporia uma nova lógica, um novo vocabulário de motivos para a solidariedade dos trabalhadores.

Trabalhadores e a nova questão social. A mudança no eixo de intervenção e organização dos sindicatos tem relação direta com o cenário de desregulamentação e de flexibilização de todo o sistema social montado a partir do mundo do trabalho (pense-se aqui em um espectro amplo que vai desde as leis de proteção direta ao trabalho até o sistema previdenciário), que passa de uma situação de proteção para um contexto de baixa proteção.

Nesse quadro, a questão social retornou ao centro das preocupações tanto das sociedades contemporâneas, em geral, como dos trabalhadores, em particular, figurando fortemente no ideário sindical. Não se trata, porém, de um mero retorno aos problemas do passado. Os fenômenos sociais que temos presenciado não são de fácil encaixe nas categorias preexistentes. Isso seria, portanto, uma *nova questão social.* O trabalho, um dos eixos centrais de vertebração da ordem social moderna, ficou enfraquecido com a chamada *crise do trabalho* e a sociedade sofreu as conseqüências, através de problemas sociais diferenciados, no que Jean-Paul Fitoussi e Pierre Rosanvallon designaram de *a nova era das desigualdades*, marcada, entre outras, pela perda de institutos de proteção social, pelo aumento das taxas de pobreza global e pelo aumento das disparidades sociais, enfim, pela ampliação das margens de vulnerabilidade social e econômica.

Dado o grau de instabilidade que tomou o antes seguro mundo do trabalho, a lógica de orientação sindical passou a lidar também com os *deserdados* (inseridos nas altas cifras de desemprego), e com os *instáveis* (aqueles que embora empregados, não podem se sentir em situação estável, nem dentro nem fora do trabalho).

Seguindo uma perspectiva de contestação e complexificação das análises relativas ao modelo flexível, Robert Castel propõe associar a discussão sobre trabalho e relações salariais à "questão social", ao colocá-la não na retaguarda, mas no centro da análise sobre a precariedade, a pobreza e a exclusão.

O trabalho é pensado não como relação técnica de produção, mas um suporte privilegiado de inscrição na estrutura social. Além disso, reconhece-se uma forte correlação entre o lugar ocupado na divisão social do trabalho e a participação nas redes de sociabilidade e nos sistemas de proteção que "amparam" um indivíduo diante dos acasos da existência, possibilitando "zonas de coesão social". Assim, associar trabalho estável e inserção relacional sólida vai caracterizar uma área de integração; enquanto a ausência de participação em qualquer atividade produtiva e o isolamento relacional vão ter como conseqüência os efeitos negativos da exclusão.

A nova questão social parece ser o questionamento dessa função integradora do trabalho na sociedade, através do desmonte do sistema de proteções e garantias vinculado ao emprego e da desestabilização da ordem do trabalho, que repercute como uma espécie de choque em diferentes setores da vida social. Como bem indica Robert Castel, a problemática da coesão social não é a do mercado, a solidariedade não se constrói em termos de competitividade e de rentabilidade.

Diferentemente dos conteúdos presentes na questão social, conforme pensada desde o século XIX, a dos novos tempos, segundo Pierre Rosanvallon, seria traduzida pela inadequação dos antigos métodos de gestão do social. Ao longo de seu desenvolvimento, marcado pelos *trinta anos gloriosos*, o Estado Providência nos fez crer que podia fazer frente à insegurança social e às disfunções da sociedade industrial. Porém, na década de 1980, o crescimento do desemprego e o surgimento de novas formas de pobreza pareciam, ao contrário, afastar-nos desse ideal. Nos marcos dos processos atuais da exclusão, encontraríamos fenômenos que não se enquadram nas categorias da exploração do homem. Hoje, além das discussões sobre os problemas de financiamento e das disfunções dos aparelhos estatais, são discutidos os princípios fundamentais da organização da solidariedade e a própria concepção dos direitos sociais.

Da empresa à rede: um sindicalismo de novo tipo? A investigação sociológica sobre a crise do sindicato tem levado também à antecipação de cenários, desdobramentos e tendências para o futuro. As alternativas propostas variam, basicamente, entre os cenários que enfatizam mudanças nas atividades sindicais mais tradicionais de representação coletiva e aquelas que sugerem uma ampliação de atividades no sentido de incluir a representação de trabalhadores desempregados, "precarizados" ou excluídos do núcleo central da produção, e até de um sindicalismo comunitário que, juntamente com outros movimentos sociais, se volta para atender as demandas daqueles que se encontram excluídos do mundo do trabalho. Isso, ao nosso ver, resgataria em muito uma tradição que foi se enfraquecendo ao longo da história do movimento operário mundial, muito por conta de sua institucionalização.

Tais indicações, segundo Kim Moody, em seu livro *Workers in a Lean World*, vão apresentando as novas configurações e práticas que o sindicalismo vem assumindo. A idéia de um sindicalismo tipo *movimento social* propõe um sindicalismo mais dinâmico, aberto às novas demandas, de escopo internacional e informado por uma política socialista renovada.

Mais que uma estrutura ou uma área de abrangência e jurisdição, bases da organização do sindicalismo de corte industrial, essa idéia traria em seu bojo um tipo de orientação. Esse sindicalismo seria: democrático, como a melhor maneira de mobilizar os trabalhadores; militante, no sentido de que perceberia que um recuo em qualquer dos pontos de sua rede de lutas levaria tão-somente a mais recuos; lutaria pelo poder e pela organização nos locais de trabalho; seria político, embora agindo independentemente dos partidos; multiplicaria o alcance de seu poder político e social na articulação com outros sindicatos, organizações de bairro ou outros movimentos sociais; e, finalmente, lutaria por todos os oprimidos, ampliando seu poder nesse processo.

Indo ainda mais à frente em termos experimentais alternativos, alguns autores assinalam que o *sindicalismo do futuro* deve assumir uma feição de *redes ampliadas*. Esse processo vai requerer, além da ampliação de seu escopo, a incorporação de necessidades e de interesses dos mais variados setores ocupacionais e comunitários.

Mas, para que esse tipo de sindicalismo se torne uma realidade, algumas precondições deverão ser preenchidas. Além da mudança nas estratégias de recrutamento e manutenção de membros, no sentido de que terão de recrutar e ficar com os indivíduos ao longo de toda a sua trajetória profissional, em vez de perdê-los assim que mudam ou perdem empregos; deve-se buscar uma modificação nas leis trabalhistas e na cultura gerencial, para que incorporem tal possibilidade, permitindo aos sindicatos cumprirem seu novo papel e garantindo aos trabalhadores a liberdade de organização nos locais de trabalho, a mesma que, aliás, eles já possuem na sociedade civil.

Portanto, a partir dessas e outras experiências, há um certo consenso de que os sindicatos devem adaptar sua organização, estrutura e ação à heterogeneidade do mundo do trabalho, sem, no entanto, negligenciarem as forças que tendem a conservar o sistema de representação coletiva. Na verdade, a questão da representação ainda é um problema no contexto atual e a dúvida permanece sobre se os sindicatos serão ou não capazes de representar os interesses de todos os trabalhadores.

Trabalhadores e sindicatos no Brasil. Essa combinação de rigor analítico com uma perspectiva não-pessimista nos estudos sobre sindicato nos EUA e na Europa pode ser encarada como um incentivo para se pensar a questão sindical no Brasil e suas especificidades. As análises sociológicas sobre o sindicalismo brasileiro nos últimos vinte anos têm mostrado um movimento de crescimento institucional e político, iniciado com as greves do ABC paulista no final dos anos 1970, e confirmado no início dos anos 1980 com a criação das centrais sindicais, principalmente a Central Única dos Trabalhadores (CUT).

A conjuntura em que esses processos se deram permitiu o desdobramento da ação sindical para além do muro das fábricas, associando reivindicações econômicas a questões políticas, participando do processo de redemocratização do país e produzindo um tipo de sindicalismo que procurou romper com o atrelamento ao Estado e enfatizou uma prática construída sobre a organização nos locais de trabalho.

Os estudos sociológicos acerca dos anos 1990, como, por exemplo, os de Adalberto Cardoso, vêm revelando a pressão da reestruturação industrial sobre esse sindicalismo. A avaliação é que a introdução de novas formas de gestão da força de trabalho, sobretudo nas empresas associadas a cadeias produtivas globais, em conjunto com transformações na organização da produção e na estrutura de emprego, colocam novas questões, exigindo novas posturas e pondo em xeque a força de barganha acumulada anteriormente.

Concretamente, o que se teve foi que o pano de fundo que conjugava desemprego e precariedade no trabalho fez também com que os sindicatos mudassem as pautas de reivindicação. Se nos anos 1980 a questão econômico-salarial tinha prioridade, nos anos 1990, principalmente em sua segunda metade, a temática da garantia do emprego e as tentativas de combate ao desemprego assumem o primeiro plano. Além disso, os sindicatos buscaram outras alternativas que ampliassem seu escopo de ação, contribuindo para a consolidação de novas institucionalidades.

Isso ocorreu em uma lógica que foi desde o sindicato de base até as estruturas intersindicais. Nesse sentido, as centrais sindicais de maior relevo acabaram por se envolver em projetos os mais variados em termos de formação profissional, constituição de cooperativas de trabalho e intermediação entre trabalhador e emprego, através de agências e centros de solidariedade. Em muitos casos, esse envolvimento se deu de forma defensiva, em detrimento de movimentos de mobilização dos trabalhadores.

No entanto, constata-se que o movimento sindical tem feito um significativo esforço de buscar fórmulas alternativas em face da necessidade de negociar a reorganização da produção, preservando postos de trabalho e salários, e insistindo em uma maior participação dos trabalhadores nas decisões das empresas.

No ABC paulista, por exemplo, conforme observado por Iram Jácome Rodrigues, apesar dos duros impactos da reestruturação, a experiência acumulada pelos metalúrgicos e seu poder de representação no chão de fábrica lhes confere

um considerável poder de negociação junto ao patronato e mantém uma tradição de respeito a direitos sedimentados por meio do empenho coletivo. Mesmo com o enxugamento do número de trabalhadores, qualquer negociação tem que considerar todo um conjunto de práticas construídas.

Mas os dados e as análises variam conforme os efeitos da reestruturação sobre os diversos segmentos da economia. Setores mais modernos enfrentam uma ação sindical efetiva cuja eficácia os obriga ao encaminhamento de novas formas de gestão por meio da negociação. Na maioria dos outros setores, no entanto, a situação atual aponta para um processo gradativo de precarização do trabalho e fragilização da organização coletiva dos trabalhadores.

O movimento sindical passa pela dificuldade de lidar com situações de trabalho diante das quais políticas e estratégias de ação sindical parecem impotentes e incapazes de deter a destruição de direitos e de se relacionar com uma força de trabalho de características diversas daquela encontrada no pátio das grandes empresas.

Considerações finais

Pelo que vimos até aqui, as transformações por que passa a sociedade contemporânea vêm produzindo dilemas não só para o mundo do trabalho, mas também para a sociedade como um todo. Algumas questões de fundo merecem ser suscitadas: quais serão os desdobramentos e as conseqüências futuras para essa sociedade que, depois de vincular

grande parcela de sua sociabilidade ao trabalho, agora prescinde dele, atribuindo-lhe um papel secundário? Durante muito tempo, foi a partir do trabalho que se propagaram movimentos de universalização de direitos para toda a sociedade. Será a sociedade nesse novo contexto capaz de formular novos direitos inclusivos ou continuará acelerando o passo atual em direção a novas desigualdades e ao aumento da exclusão? No caso brasileiro, os dilemas são ainda maiores, já que o processo de reestruturação produtiva chegou ao país sem que tenhamos resolvido os problemas sociais mais básicos. Que tarefas devem desempenhar os trabalhadores e suas organizações nesse mundo *instável*? Quais formatos organizativos e orientação de ações se adequariam a ele?

Enfim, essas são algumas das muitas questões que parecem ainda estar em aberto, sem muitas resoluções fáceis, seja no campo da teoria, seja no campo da prática dos agentes, e que, sem sombra de dúvida, devem nortear as preocupações futuras da sociedade em que vivemos.

Referências e fontes

p.12: Offe, Claus. *Capitalismo desorganizado* (São Paulo, Brasiliense, 2ª ed., 1994).

p.14: Harvey, David. *Condição pós-moderna* (São Paulo, Edições Loyola, 1993).

p.16: Piore, Michael e Charles Sabel. *The Second Industrial Divide* (Nova York, Basic Books, 1984).

p.19-22: Braverman, Harry. *Trabalho e capital monopolista: a degradação do trabalho no século XX* (Rio de Janeiro, Zahar, 1977).

p.21: Burawoy, Michael. *The Politics of Production* (Londres, Verso, 1985).

p.22: Kern, Horst e Michael Schumann. *La fin de la division du travail? La rationalisation dans la production industrielle* (Paris, Maison des Sciences de l'Homme, 1989).

p.24-5 e 29: Hirata, Helena. "Da polarização das qualificações ao modelo da competência" in: Ferretti, Celso João et al. (orgs.) *Novas tecnologias, trabalho e educação: um debate multidisciplinar.* (Petrópolis, Vozes, 2ª ed., 1994, p.124-142).

p.26: Leite, Márcia de Paula. "Qualificação, desemprego e empregabilidade", *São Paulo em Perspectiva*, vol.11, n.1 (São Paulo, 1997, p.64-49).

p.27: Hirata, Helena. "Reestruturação produtiva, trabalho e relações de gênero", *Revista Latino-Americana de Estudos do Trabalho*, ano 4, nº7 (São Paulo, Alast, 1998).

p.28-9: Kergoat, Danielle. *Les Ouvrières* (Paris, Sycomore, 1982).

p.31: Castro, Nadya. "Modernização e trabalho no complexo automotivo brasileiro: reestruturação industrial ou japanização de ocasião?" in: Castro, Nadya (org.), *A máquina e o equilibrista: inovações na indústria automobilística brasileira* (São Paulo, Paz e Terra, 1995).

p.32: Coriat, Benjamin. *Pensar pelo avesso* (Ed. UFRJ/Revan, 1994).

p.33: Watanabe, Ben. "Toyotismo: um novo padrão mundial de produção?" *Revista dos Metalúrgicos*, n.1 (São Paulo, 1993, p.4-11).

p.36: Martins, Heloísa de Souza e José Ricardo Ramalho (orgs.). *Terceirização: diversidade e negociação no mundo do trabalho* (São Paulo, Hucitec/Cedi-Nets, 1994).

p.37: Carvalho, Ruy de Quadros. "Capacitação tecnológica, revalorização do trabalho e educação" in: Ferretti, Celso João et. al. (orgs.) *Novas tecnologias, trabalho e educação: um debate multidisciplinar* (Petrópolis, Vozes, 2ª ed., 1994, p.93-127).

p.39: Humphrey, John. "O impacto das técnicas 'japonesas' de administração na indústria brasileira" *Novos Estudos Cebrap*, n.38 (São Paulo, mar 1994, p.148-167); Salerno, Mário Sérgio. "Modelo japonê3s, trabalho brasileiro" in: Hirata, Helena. (org.) *Sobre o modelo japonês* (São Paulo, Edusp/Aliança Cultural Brasil-Japão, 1993).

p.41: Rodrigues, Leôncio Martins. *Destino do sindicalismo* (São Paulo, Edusp, 1999).

p.44: Hyman, Richard. "Los sindicatos y la desarticulación de la clase obrera". *Revista Latinoamericana de Estudios del Trabajo*, ano 2, n.4, (Alast, Cidade do México, 1996).

p.46: Fitoussi, Jean-Paul e Rosanvallon, Pierre. *La nueva era de las desigualdades* (Buenos Aires, Ediciones Manantial, 1997).

p.48: Castel, Robert. *As metamorfoses da questão social — Uma crônica do salário* (Rio de Janeiro, Vozes, 1998); Rosanvallon, Pierre. *A nova questão social* (Brasília, Instituto Teotônio Vilela, 1998).

p.49: Moody, Kim. *Workers in a Lean World — Unions in the International Economy* (Londres/Nova York, Verso, 1997).

p.51: Cardoso, Adalberto Moreira. *A década neoliberal e a crise dos sindicatos no Brasil* (Rio de Janeiro. São Paulo, Boitempo, 2003).

p.52: Rodrigues, Iram Jácome. "Comissões de fábrica e reestruturação produtiva" in: Arbix, Glauco e Mauro Zilbovicius (orgs.), *De JK a FHC: A reinvenção dos carros* (São Paulo, Scritta. 1997).

Leituras recomendadas

Além dos livros já indicados nas referências e fontes, recomendamos a seguinte bibliografia, de acordo com o tema:

Mundo do trabalho e restruturação produtiva

ABREU, Alice Rangel de Paiva (org.). *Produção flexível e novas institucionalidades na América Latina* (Rio de Janeiro, Editora UFRJ, 2000); ANTUNES, Ricardo. *Os sentidos do trabalho: ensaio sobre a afirmação e a negação do trabalho* (São Paulo, Boitempo, 1999); CARDOSO, Luís A. *Après-fordisme et participation: restructuration productive contemporaine et nouvelle rationalisation du travail dans l'industrie automobile brésilienne* (Villeneuve d'Ascq, Septentrion, 2002); HIRST, Paul e Jonathan Zeitlin. "Flexible Specialization versus Postfordism: Theory, Evidence and Policy Implications", *Economy and Society*, vol. 20, n.1 (Londres, 1991 p.4-59); LIMA, Jacob Carlos. *As artimanhas da flexibilização — O trabalho terceirizado em cooperativas de produção* (São Paulo, Terceira Margem, 2002); MACHADO DA SILVA, Luiz Antonio e Filippina Chinelli. "Velhas e novas questões sobre a informalização do trabalho no Brasil contemporâneo", *Contemporaneidade e Educação*, ano 2, n.1, maio, 1997, p.24-45; SANTANA, Marco Aurélio e José Ricardo Ramalho. *Além da fábrica:*

trabalhadores, sindicatos e a nova questão social (São Paulo, Boitempo, 2003).

Gênero e trabalho

ABREU, Alice. "Especialização flexível e gênero — debates atuais", *São Paulo em Perspectiva*, vol.8, n.1 (São Paulo, Fundação Seade, 1994); ABREU, Alice e Bila Sorj. *O trabalho invisível — Estudos sobre trabalhadores a domicílio no Brasil* (Rio de Janeiro, Rio Fundo Editora, 1993); COSTA, A. de Oliveira e C. Bruschini (orgs.). *Rebeldia e submissão: estudos sobre a condição feminina* (São Paulo, Vértice/Fundação Carlos Chagas, 1989); KARTCHEVSKY-BULFORT, Andrée et al. *O sexo do trabalho* (Rio de Janeiro, Paz e Terra, 1986); LOBO, Elisabeth Souza. *A classe operária tem dois sexos: trabalho, dominação e resistência* (São Paulo, Brasiliense, 1991); NEVES, Magda de Almeida. *Trabalho e cidadania: as trabalhadoras de contagem* (Petrópolis, Vozes, 1994).

Modelo japonês

CORIAT, Benjamin. "Ohno e a escola japonesa de gestão da produção: um ponto de vista de conjunto" in: Hirata, Helena (org.) *Sobre o modelo japonês* (São Paulo Edusp/Aliança Cultural Brasil-Japão, 1993); HIRATA, Helena. (org.) *Sobre o modelo japonês* (São Paulo, Edusp/Aliança Cultural Brasil-Japão, 1993); WOOD, Stephen. "O modelo japonês em debate: pós-fordismo ou japonização do fordismo", *Revista Brasileira de Ciências Sociais* n.17 (Rio de Janeiro, out 1991, p.28-43).

Trabalho e qualificação

FREYSSENET, Michel. "La requalification des opérateurs et la forme sociale actuelle d'automatisation", *Sociologie du Travail*, Dunod, Montrouge, n.4, p. 422-433, out/dez 1984; FRIGOTTO, Gaudêncio (org.). *Educação e crise do trabalho: perspectivas de final de século* (Petrópolis, Vozes, 1998); SOUZA, Donaldo B. de, Marco A. Santana e Neise Deluiz. *Trabalho e educação: centrais sindicais e reestruturação produtiva no Brasil* (Rio de Janeiro, Quartet, 1999).

Sindicalismo no Brasil e no mundo

ARAÚJO, Ângela Carneiro (org.). *Do corporativismo ao neoliberalismo: estado e trabalhadores no Brasil e na Inglaterra* (São Paulo, Boitempo, 2002); BOITO JR., Armando. *Política neoliberal e sindicalismo no Brasil* (São Paulo, Xamã, 1999); CARVALHO NETO, Antonio. *Relações de trabalho e negociação coletiva na virada do milênio* (Petrópolis, Vozes, 2001); HYMAN, Richard. "Os sindicatos e a integração econômica européia", *Revista Latino-Americana de Estudos do Trabalho*, ano 3, n.5 (São Paulo, Alast, 1997); LARANGEIRA, Sônia. "Há lugar para o sindicalismo na sociedade pós-industrial? Aspectos do debate internacional", *São Paulo em Perspectiva*, vol.12, n.1 (São Paulo, Fundação Seade, 1998); MATTOS, Marcelo B. *O sindicalismo brasileiro após 1930* (Rio de Janeiro, Jorge Zahar, 2003); NOGUEIRA, Arnaldo. *A modernização conservadora do sindicalismo brasileiro* (São Paulo, Edm/Fapesp, 1997); OSTERMAN, Paul, Thomas, Kochan, Richard, Locke e Michael Piore. *Working in America — A Blueprint for the New Labor Market* (Cambridge/Londres, MIT Press,

2001); PESSANHA, Elina e Regina Morel, "Gerações operárias: Rupturas e continuidades na experiência de metalúrgicos no Rio de Janeiro". *Revista Brasileira de Ciências Sociais*, n.17 (Rio de Janeiro, out 1991, p.68-83); SANTANA, Marco Aurélio e José Ricardo Ramalho. *Além da fábrica: trabalhadores, sindicatos e a nova questão social* (São Paulo, Boitempo, 2003).

A nova questão social

BORDIEU, Pierre (org.). *A miséria do mundo* (Petrópolis, Vozes, 1997); CASTELLS, Manuel. *Fim de milênio. A era da informação: economia, sociedade e cultura*, vol. 3 (São Paulo, Paz e Terra, 1999); WACQUANT, Loic. *Os condenados da cidade* (Rio de Janeiro, Revan/Observatório IPPUR/Fase, 2001).

Ensaios bibliográficos

CASTRO, Nadya e Antônio Sérgio Guimarães. "Além de Braverman, depois de Burawoy: vertentes analíticas na sociologia do trabalho", *Revista Brasileira de Ciências Sociais* (n.17, (Rio de Janeiro, out. 1991, p.44-52); CASTRO, Nadya e Márcia de Paula Leite. "A sociologia do trabalho industrial no Brasil: desafios e interpretações". BIB, n.37 (Rio de Janeiro, Anpocs, 1994, p.39-59); CASTRO, Pedro. *Sociologia do trabalho — Clássica e contemporânea* (Niterói, Eduff, 2003); RAMALHO, José Ricardo. "Controle, conflito e consentimento na teoria do processo de trabalho: um balanço do debate", BIB, n.32 (Rio de Janeiro, Anpocs, 1991, p.44-52).

Sobre os autores

Marco Aurélio Santana é doutor em sociologia pela UFRJ e professor do Departamento de Filosofia e Ciências Sociais e do Mestrado em Memória Social e Documento da UNIRIO. Publicou, entre outros, *Trabalho e educação: centrais sindicais e reestruturação produtiva no Brasil* (co-autoria com Donaldo Bello de Souza e Neise Deluiz, Quartet, 1999); *Trabalho e tradição sindical no Rio de Janeiro: a experiência dos metalúrgicos* (co-organizado com José Ricardo Ramalho, Rio de Janeiro, DP&A, 2001); *Homens partidos: comunistas e sindicatos no Brasil* (São Paulo, Boitempo, 2001) e *Além da fábrica: trabalhadores, sindicatos e a nova questão social* (co-organizado com José Ricardo Ramalho, São Paulo, Boitempo, 2003).

José Ricardo Ramalho é doutor em ciência política pela USP e professor do Programa de Pós-graduação em Sociologia e Antropologia da UFRJ. Publicou, entre outros, *Trabalho e tradição sindical no Rio de Janeiro: a experiência dos metalúrgicos* (co-organizado com Marco Aurélio Santana, Rio de Janeiro, DP&A, 2001); *Terceirização: diversidade e negociação no mundo do trabalho* (co-organizado com Heloísa Martins, São Paulo, Hucitec/Cedi-Nets, 1994); *Estado pa-*

trão e luta operária: o caso FNM (São Paulo, Paz e Terra, 1989) e *Além da fábrica: trabalhadores, sindicatos e a nova questão social* (co-organizado com Marco Aurélio Santana, São Paulo, Boitempo, 2003).

Coleção **PASSO-A-PASSO**

1. **Hegel**, Denis L. Rosenfield
2. **Nietzsche**, Nelson Boeira
3. **Hobbes**, Maria Isabel Limongi
4. **Adorno/Horkheimer & a Dialética do Esclarecimento**, Rodrigo Duarte
5. **Filosofia da linguagem**, Claudio Costa
6. **Heidegger & Ser e tempo**, Benedito Nunes
7. **Hobbes & a liberdade**, Júlio Bernardes
8. **Nietzsche & Para além de bem e mal**, Oswaldo Giacoia Junior
9. **Sófocles & Antígona**, Kathrin H. Rosenfield
10. **Cultura e empresas**, Lívia Barbosa
11. **Relações internacionais**, Williams Gonçalves
12. **A interpretação**, Laéria B. Fontenele
13. **Arte e psicanálise**, Tania Rivera
14. **Freud**, Marco Antonio Coutinho Jorge e Nadiá P. Ferreira
15. **Hegel & a Fenomenologia do espírito**, Paulo Meneses
16. **Schopenhauer**, Jair Barboza
17. **Adorno & a arte contemporânea**, Verlaine Freitas
18. **Rawls**, Nythamar de Oliveira
19. **Freud & a cultura**, Betty B. Fuks
20. **Freud & a religião**, Sérgio Nazar David
21. **Para que serve a psicanálise?**, Denise Maurano
22. **Depressão e melancolia**, Urania Tourinho Peres
23. **A neurose obsessiva**, Maria Anita Carneiro Ribeiro
24. **Rituais ontem e hoje**, Mariza Peirano
25. **Capital social**, Maria Celina D'Araujo
26. **Hierarquia e individualismo**, Piero de Camargo Leirner
27. **Freud & a filosofia**, Joel Birman
28. **Platão & A República**, Jayme Paviani
29. **Maquiavel**, Newton Bignotto
30. **Filosofia medieval**, Alfredo Storck
31. **Filosofia da ciência**, Alberto Oliva
32. **Heidegger**, Zeljko Loparic
33. **Kant & o direito**, Ricardo Terra
34. **Fé**, J.B. Libânio
35. **Ceticismo**, Plínio Junqueira Smith
36. **Mito e psicanálise**, Ana Vicentini de Azevedo
37. **O adolescente e o Outro**, Sonia Alberti
38. **A teoria do amor**, Nadiá P. Ferreira
39. **Sociologia do trabalho**, José Ricardo Ramalho e Marco Aurélio Santana
40. **O negócio do social**, Joana Garcia
41. **Origens da linguagem**, Bruna Franchetto e Yonne Leite